Photo de couverture :
Très rare pot à lait à engobe bleu ciel et décor floral, XIXe.

La poterie culinaire

Bernard Demay

EDITIONS DU BASTBERG

Pot à faire cailler le lait au très bel émail vert, XIXe.

Petit pot à crème archaïque, XVIIIe.

Généralités

La poterie de terre vernissée fait partie, tout comme le mobilier polychrome ou l'imagerie peinte à la main, de ces trésors qui contribuent à ce fabuleux patrimoine : l'art populaire alsacien.

Les potiers, à l'instar de tous les artisans ayant œuvré dans le domaine des arts décoratifs, ont su faire preuve, au-delà de leurs qualités techniques, d'une extraordinaire richesse d'invention dans les formes et les décors de leurs productions sans jamais verser dans le mauvais goût, du moins jusqu'au début du XXe siècle. Qui étaient ces potiers ? Où travaillaient-ils ? Il faut savoir que cette poterie de terre vernissée que l'on désigne aujourd'hui sous le terme générique, mais réducteur, de "Soufflenheim" a été produite par de nombreux ateliers disséminés du nord au sud de l'Alsace. Une étude d'Adolphe Riff, qui fut un des créateurs du Musée Alsacien de Strasbourg, sur la céramique dans le Bas-Rhin et le Haut-Rhin, nous indique qu'il existait en Alsace, à la fin du XVIIIe, plus de 300 ateliers de poterie. La répartition de ces ateliers peut paraître anarchique puisqu'on les trouve surtout dans le nord de l'Alsace autour de Soufflenheim et de Betschdorf, le long des Vosges entre

Grand pot à lait sans engobe extérieur, émaillé à l'intérieur, XVIIe.

Pot à lait à l'intérieur vernissé extérieurement décoré à l'engobe sur la terre crue, fin XVIIe.

Deux grands pots à recueillir le lait, dont l'un est muni d'un orifice d'écoulement destiné à faire s'écouler le petit lait, les couvercles manquent, début XIXe.

Grande cruche vernissée à deux anses décorée au stylet d'une ligne ondulée, XVIIIe.

Très grand pot à recueillir le lait à deux anses et bec verseur, XIXe.

Deux pots servant à recueillir le lait ou à la conservation des aliments (œufs, etc.).

Dambach et Saverne, et dans le Sundgau. Ces régions sont en fait les seules à fournir à la fois l'argile nécessaire et le bois en quantités suffisantes pour l'alimentation des fours de cuisson. Le village de Soufflenheim n'est à ce moment là qu'un centre de potiers parmi d'autres. Tous ces différents potiers, au-delà de leur coup de patte ou de leurs trucs personnels, travaillaient tous selon une technique similaire et leur gamme de produits était la même. Les pots à lait, les plats, les terrines à "baeckeofe", les moules à gâteaux, les lèchefrites, soupières ou plats à gratin constituaient à peu près partout leur production courante, et c'est plutôt par le décor, les couleurs employées que se différenciait la poterie de ces diverses régions.

De par ses qualités plastiques la terre vernissée permet tous les usages nécessitant une exposition à la chaleur. De la cuisson du lait dans les pots à lait (milchhafe) à la confection de gâteaux dans les multiples formes imaginées à cet usage, des marmites à "baeckeofe" que l'on faisait lentement mijoter aux plats à gratin de toutes dimensions, cette poterie était omniprésente dans toutes les cuisines alsaciennes. On peut d'ailleurs à ce

Grand pot à deux anses engobé d'ocre tacheté de rouge, XIXe.

Très petite cruche à vin, engobe brun, décor au stylet, Alsace Bossue, XVIIIe.

Pot à deux anses servant à collecter le lait ou à conserver les aliments, XIXe.

sujet reposer le vieux problème de l'œuf et de la poule : la cuisine alsacienne est-elle ce qu'elle est grâce à ses potiers ou bien l'infinie variété de formes imaginée par eux répondait-elle aux exigences des recettes des cuisinières locales ? Vaste sujet de réflexion...

À la fonction culinaire de cette poterie, il ne faut pas oublier d'ajouter une production simplement utilitaire mais néanmoins décorative, je veux parler ici des casiers à peigne, des égouttoirs à cuillers, des bénitiers et des encriers par exemple. Ce ne seront pas les thèmes prépondérants de cet ouvrage car ce sont là des objets qui, s'ils font bien sûr partie de la production des potiers d'antan, peuvent cependant être rangés dans une catégorie que l'on pourrait qualifier d'accessoire. Il ne faut pas voir de ma part un quelconque mépris pour ces divers ustensiles mais il s'agit à mon avis d'une utilisation détournée de cette poterie destinée avant tout à aller au feu. Les qualités plastiques de la terre de Soufflenheim et un moindre coût de production ont ainsi favorisé la production d'articles ne réclamant pas d'être faits dans une matière réfractaire et, partant, la fonction créant l'objet, il ne faut pas s'étonner que cette production spécifique ait viré à l'objet kitsch autour des années 1900.

Petit pot à écrémer le lait, terre rouge et engobe orangé, poterie de Diemeringen, début XXe.

À l'inverse, les potiers (étaient-ils les mêmes ?) qui fabriquaient les carreaux de poêles en terre vernissée (kachelofe) étaient eux en parfaite adéquation entre la finalité de leur production et la matière première employée. Si les plus beaux et les plus techniquement aboutis de ces kachelofe ont été conçus dans le Sundgau, le nord de l'Alsace n'était pas en reste mais a vu sa production en la matière s'étioler à partir du XVIIIe siècle au profit des poêles en fonte, à plaques ou à tambour, de la fonderie De Dietrich. Les potiers de l'Outre-Forêt transposèrent alors leur savoir-faire dans le domaine du transport de la chaleur et produisirent jusqu'au début du XXe siècle quantité de pierres chauffe-lit et, dans une moindre mesure, de bouillottes.

Si cette poterie de terre vernissée s'accommodait fort bien de l'exposition à la chaleur, ses qualités de conservation étaient cependant médiocres. En effet la cuisson de cette poterie qui n'était à l'origine même pas émaillée à l'intérieur des différents récipients, n'était

Très rare paire de "stellhafe" simplement vernissée, à la base très étroite, début XIXe.

Pot à faire cailler le lait simplement vernissé sur une terre ferrugineuse laissant apparaître des taches rougeâtres, XIXe.

Petit pot à lait caillé archaïque sans engobe extérieur, XVIIIe.

portée qu'à 800° et de ce fait restait poreuse, donc inapte à la conservation aussi bien des liquides que des corps gras comme l'huile ou le saindoux. Pour cet usage spécifique, les cuisinières d'antan se tournèrent (comme l'Alsace est bien faite !) vers les productions des potiers de grès de Betschdorf ou de Saverne qui remplissaient à merveille cet office mais qui, inversement, ne pouvaient en aucun cas trôner sur la cuisinière ou aller au four.

Aux qualités techniques indéniables de cette poterie, les artisans alsaciens ont su, contrairement à ceux de beaucoup d'autres provinces françaises, adapter une palette de décors exceptionnelle aussi bien pour les motifs que pour les couleurs. Si les motifs floraux sont les plus représentés, le bestiaire, domestique ou non, des figures géométriques et même parfois des maximes pleines de bon sens interviennent souvent dans le décor de bien des pièces de cette poterie, la rendant ainsi très attrayante. Les couleurs d'engobe ou d'émail sont très variées surtout à partir de la deuxième moitié du XIXe siècle. Les potiers préparaient eux-mêmes leurs engobes à partir des différentes terres qu'ils pouvaient avoir à disposition, terres qui étaient broyées dans des sortes de machines comportant un tambour rotatif, à l'intérieur duquel ils avaient préalablement introduit de gros silex destinés à les réduire en poudre. La couleur jaune était ainsi obtenue à partir d'une terre exploitée localement à Soufflenheim ou simplement en émaillant la terre qui était le plus souvent déjà jaune. Pour l'engobe blanc ou blanc crème, il fallait au potier de la terre de Riedseltz. Cette terre, assez sablonneuse, contient à l'état naturel de l'oxyde d'étain qui confère cette teinte blanche à l'engobe. Ce "blanc de Riedseltz" était utilisé de façon assez courante pour l'intérieur des pots à lait et de manière générale pour l'intérieur de tous les pots de cuisson mais aussi comme engobe de décor, fleurs, inscriptions, filets etc. La couleur rouge était donnée à l'engobe grâce à une glaise naturellement rouge, parce que très ferrugineuse, extraite d'une carrière de la forêt de Haguenau. Le brun foncé, voire très foncé presque noir, que l'on utilisait souvent pour les grands pots destinés à recueillir le lait de la traite par exemple, était obtenu en ajoutant, dans des quantités plus ou moins importantes, de l'oxyde de manganèse à de la terre rouge. Pour obtenir le vert nécessaire au décor végétal, il suffisait d'incorporer de l'oxyde de cuivre ou de chrome à de la terre blanche de Riedseltz. Cette même terre, quand on y ajoutait de l'oxyde de cobalt, permettait d'obtenir un bleu dont l'intensité dépendait du dosage effectué. Ces diverses préparations, selon que l'on y ajoutait plus ou moins d'eau, permettaient d'obtenir soit un engobe de fond qui pouvait être assez liquide, soit un engobe plus épais destiné à la réalisation des motifs.

Cette poterie dite "de Soufflenheim" fait aujourd'hui partie de l'histoire de l'Alsace et participe encore à l'image empreinte d'aisance et de gaieté qu'affiche cette province et qui la rend si attirante. Est-il imaginable qu'une seule de nos célèbres "winstub" serve un "baeckeofe" autrement que dans une de ces terrines créées par les potiers d'antan ? Est-il imaginable qu'une cuisine alsacienne traditionnelle n'offre pas au regard, au hasard d'une étagère ou d'un modeste vaisselier en sapin, une série de pots à lait ou quelque plat fleuronné ? Il faut cependant rester attentif à ne pas gâcher ce merveilleux patrimoine au travers de productions d'aussi mauvais goût que ces tuiles décorées ou autres "poubelles de table", pour éviter que les échoppes de potiers ne finissent par ressembler à de "petites boutiques des horreurs".

▲ *Les éléments ferrugineux de la terre provoquent des taches rougeâtres qui confèrent à ces différents pots un décor probablement involontaire.*

▼ *Trois pots à lait caillé de tailles différentes émaillés de vert, XIXe.*

Le lait de l'étable à la cuisine

Le pot est probablement la toute première forme que l'homme eut l'idée de créer à partir de la glaise. C'est avec lui que débuta la grande histoire de la poterie et des potiers. Il est à l'origine de tout ce qui, bien avant d'être un artisanat, fut un moyen de vivre dans un début de confort. Après avoir, pendant des millénaires, joint ses mains en forme de conque pour recueillir l'eau indispensable à sa survie, l'homme découvrit un jour que certaines terres pouvaient être façonnées et cuites au feu et la première forme qui naquit des ses mains fut le pot. Loin de moi l'idée de faire ici l'historique de la poterie à travers les âges mais plutôt, à partir de quelques pièces des XVIe et XVIIe siècles, d'étudier l'évolution des différents types de pots à lait aux XVIIIe et XIXe siècles.

Ces premiers pots à lait n'ont pas encore la forme qu'on leur connaît aujourd'hui. Très renflés et très tulipés en ce qui concerne la panse, leurs rebords en sont de plus très évasés. Ils ne sont vernissés ou émaillés qu'à l'intérieur et leur extérieur ne comporte très souvent aucun décor. Il arrivait néanmoins, pendant que le pot tournait encore sur la girelle, que le potier, à l'aide d'un stylet ou d'un pinceau trempé dans l'ocre rouge, exécute un décor linéaire ou sinueux très simple. Dans la lignée de ces pots archaïques, on verra apparaître au XVIIIe siècle et perdurer jusqu'au début du XXe, un type de pot à lait très spécifique : le pot à faire cailler le lait : sürmilchhafe ou stellhafe.

Apparaîtront ensuite les pots à lait de forme tronconique que Georges Klein appelle aussi "pots crinolines". Puis une variante de ceux-ci, à la base tronquée, connue sous le nom de "pots alsaciens". Enfin, dernière forme de pot à lait, mais dont la production est concomitante aux trois précédents, le pot à corps cylindrique appelé également pot "Hecker".

Trois "stellhafe" dont un manganèse, fin XIXe.

Pot à lait caillé dans son engobe le plus courant, autour de 1900.

Autre exemple de stellhafe moucheté.

Assez rare pot à lait caillé au décor moucheté, fin XIXe.

Très rare exemplaire de stellhafe décoré de pois blancs sur fond vert amande, XIXe.

Pot à lait caillé de la période décadente, début XXe.

Pots à collecter le lait

Le lait, avant d'arriver à la cuisine et dans les différents pots à lait, devait d'abord être collecté. Après la traite, qui se faisait dans des récipients en bois, la paysanne transvasait ce lait dans de grands pots volumineux, très pansus et pourvus de deux anses rendues nécessaires par la contenance de ce type de pot qui peut aller jusqu'à 13 voire 15 litres. Ces pots comportaient en général un couvercle pour empêcher les impuretés d'y pénétrer et étaient engobés à l'intérieur comme à l'extérieur. Leur engobe extérieur est presque toujours de couleur brun manganèse, alors que l'intérieur est traité en jaune et plus rarement en blanc crème.

Les pots à crème

Les pots à crème présentent quasiment les mêmes caractéristiques que les précédents mais sont pourvus d'un petit orifice à la base, permettant au petit lait de s'écouler. Il semble, que les versions décorées de ces deux modèles de pots n'aient été produites qu'en très petites quantités, uniquement destinées à faire l'objet de cadeaux de mariage, vers la toute fin du XIXe siècle (voir Poteries Populaires d'Alsace).

Les pots à faire cailler le lait (stellhafe)

Parce qu'ils sont les descendants directs des pots archaïques, il est très difficile de dater les plus anciens. Il est certain qu'au XVIIIe siècle on les rencontre déjà dans la forme définitive qu'on leur connaît encore au début du XXe. Très distincts des autres pots à lait de par leur forme, ces pots à faire cailler le lait, que l'on appelle aussi "stellhafe" ou "sürmilchhafe", le sont aussi par leur fonction. Ces pots étaient toujours posés sur le poêle ou non loin de lui, sur le banc à lait (milchbank) qui n'était bien souvent qu'une vague étagère sur pieds fermée par un rideau, sauf dans le nord de l'Alsace où de nombreux menuisiers se sont attachés à fabriquer des bancs à lait de qualité en bois fruitier comportant soit deux portes sur le devant, soit une assise ouvrante. Servant ainsi simplement à stocker le lait, ces pots n'avaient pas besoin, comme les autres que l'on glissait sur la plaque de la cuisinière, d'une large base évasée. D'autre part, contrairement aux pots à lait crinoline par exemple, les "stellhafe" ne possèdent pas de bec verseur (le lait une fois caillé ne s'écoulant plus), ce qui est également la seule façon de les distinguer des pichets et cruches de mariage, leurs formes respectives étant par ailleurs rigoureusement identiques. Cette forme, resserrée à la base et au col, n'est probablement pas le fruit du hasard, elle devait être particulièrement favorable à l'usage auquel ils étaient destinés. Leur décor ou plutôt leur absence de décor, les distinguent également des autres pots à lait. Contrairement à ceux-ci en effet, les pots à lait caillé ne sont connus, à de très rares exceptions près, qu'engobés uni ou moucheté. Les couleurs d'engobes ne sont pas très variées et le jaune est de loin le plus fréquent suivi du brun manganèse. On peut rencontrer de tels pots engobés d'une très belle

Très beau décor de grappes bleues et rouges pour ce pot du début du XIXe.

Décor de tulipes et feuillage vert, XIXe.

Beau décor floral bleu et manganèse, XIXe.

couleur verte unie, (terre de Riedseltz additionnée d'oxyde de cuivre) et s'ils sont très rares, ce n'est pas pour autant un signe d'antériorité. Il semble tout simplement que le vert comme le bleu (terre de Riedseltz plus oxyde de cobalt, couleur qui n'a apparemment jamais servi pour engober un "stellhafe") obtenus à partir d'éléments coûteux et introuvables sur place, aient été, par le fait, très peu utilisés pour les pièces d'usage courant qui n'étaient pas destinées à venir sur la table. Plus rares encore semblent être les "stellhafe" mouchetés, et encore ne les rencontre-t-on que mouchetés de brun manganèse sur fond jaune ou crème contrairement à tous les autres pots à lait dont on connaît bien des exemplaires mouchetés de vert ou de bleu sur fond blanc ou crème. Tout ceci pouvant évidemment être contredit au moment où un de ces pots viendrait à être découvert, mais il ne s'agirait en tous cas pas de production courante.

Enfin, comme je l'ai évoqué plus haut, il en existe quelques exemplaires décorés mais ils sont extrêmement rares. Il est en effet curieux de constater à quel point les potiers ont, semble-t-il, rechigné à décorer ces pots, cela étant peut-être dû au fait que, fréquemment serrés dans les bancs à lait, ceux-ci n'étaient pas destinés à être vus. Il n'en reste pas moins qu'à travers beaucoup de collections privées, j'insiste encore une fois sur ce point, il ne m'a pas été donné d'en voir beaucoup. Dans "Poteries Populaires d'Alsace", Georges Klein nous en montre cinq exemplaires en tout et pour tout alors que dans le même ouvrage il nous présente un nombre considérable de pichets superbement décorés, qui je le rappelle encore une fois, ont, à la seule différence du bec verseur, exactement la même silhouette.

Décor atypique très stylisé pour ce pot du XIXe.

De la même main que le précédent mais avec des œillets bleus.

Feuillage toujours de la même main et décor d'oiseau très rare sur les pots à lait.

Fleurs bleu nuit sur engobe jaune orangé sur ce pot presque droit, XIXe.

Décor floral et à petits points, dominante rouge, XIXe.

de potiers qui ne datent cependant que des années 1880-1890. Les pots "crinolines" tout d'abord qui se distinguent des pots dits "saxe" par un épaulement plus ou moins marqué juste en dessous du col, leur silhouette générale étant par ailleurs exactement la même. Enfin les pots "alsace", tronconiques eux aussi mais dont la base est tronquée ou biaisée. Selon certains (Jean Pierre Legendre et Jean Maire), si les premiers sont attestés au XIXe siècle, les pots "saxe" n'apparaîtraient qu'au début du XXe. Leur analyse se basant uniquement sur des catalogues d'ateliers de poterie de la fin du XIXe siècle,

Décor de muguet très stylisé.

Ces cinq pièces, sont, pour trois d'entre elles, décorées de très beaux motifs blanc crème sur un fond brun manganèse, les deux autres étant décorées de motifs floraux également, mais de couleur verte, blanche et rouge sur un fond très orangé. Il faut cependant noter que si l'une d'elles est datée de 1859, les autres sont datées ou "datables" de la toute fin du XIXe siècle et confinent déjà à cette production que l'on pourrait qualifier de présentation pour ne pas dire de parade et qui n'a plus grand chose à voir avec la noblesse de la poterie purement utilitaire.

Les pots à lait tronconiques (milchhafe)

Voilà certainement la pièce de poterie de terre vernissée, qui, dans l'imaginaire collectif, représente le mieux la poterie populaire alsacienne. Cette forme générale en tronc de cône, qui n'est d'ailleurs pas propre à l'Alsace mais à tout l'axe rhénan, se divise en trois sous-catégories portant des noms bien précis dans ces catalogues

La plus belle expression du fameux décor à la marguerite, début XIXe.

Série de pots à décor floral, à noter la forme très évasée du quatrième.

Deux pots à fleurs manganèse, XIXe.

Petit pot à lignes brisées vertes, simples traits au barrolet.

Couronne de myosotis à mi-panse de ce pot du XIXe.

Composition peu fréquente de deux épis bruns entourant un motif rouge, XIXe.

Simple décor de lignes brisées et de petits points, XIXe.

Fleurs stylisées et frises blanches.

Trois pots jaunes décorés de marguerites et d'œillets bleus.

Engobe jaune orangé et motifs de fleurs bleues, XIXe.

Trois interprétations du même bouquet de fleurs bleues.

Décor d'herbacées à fleurs rouges, fin XIXe.

Décor répété de cascades de clochettes rouges, XXe.

Frise de tulipes blanches feuillage bleu et petits points, XIXe

Deux pots du XIXe à fleurs bleues et rouges.

Deux pots à frises similaires.

Deux pots à frises alternant fleurs stylisées et feuillage faits d'enroulement de filets verts, fin XIXe.

Pot à lait au rare décor linéaire vert et bleu.

Décor central très stylisé.

Trois pots du XIXe à frises et cannelures.

Deux pots décorés de la même main.

Bouquet et frises de fleurs pour ces quatre pots du XIXe.

Les trois types généraux de bouquet central : une fleur centrale, une tige droite centrale et une tige lobée, les bouquets s'organisant autour.

il me parait évident qu'elle ne peut concerner que les productions de cette époque sans préjuger de ce qui pouvait se faire auparavant. Qu'une classification sous forme de catalogue ait pu paraître nécessaire, pour des raisons commerciales, au moment des balbutiements de l'industrialisation, semble logique. Qu'elle transforme instantanément un artisanat aussi libre et créatif que la poterie en une science exacte est pour moi sujet à caution. Qu'un détail aussi infime qu'un épaulement plus ou moins appuyé sur un pot à lait puisse permettre d'affirmer qu'il date de 1920 plutôt que de 1860 ne me parait pas envisageable et il existe bien d'autres paramètres permettant une datation qui restera de toute façon approximative. Tout ceci pour avertir le lecteur que cet ouvrage ne retiendra, dans cette catégorie des pots à lait à panse tronconique, que les formes "crinoline" et "alsace".

Les pots à lait crinoline

Ces pots à lait de forme crinoline ont traditionnellement plusieurs fonctions dont la première était de faire chauffer et cuire le lait. Mais ces pots servaient également de mesure, et c'est pourquoi il en existe de contenances fort différentes, celles-ci variant de 0,25 à 4,5 litres environ, étant entendu que les plus petits d'entre eux servaient également de récipients pour la crème. Ils étaient également utilisés pour transvaser le lait depuis les grands pots à traire dans les "stellhafe" par exemple. Ils portent tous ou presque un numéro imprimé sur le fond qui donne rapidement une indication sur leur contenance.

Le décor de ces pots est d'une très grande variété, et chaque potier a laissé libre cours à son imagination. Si les décors floraux sont les plus nombreux, on trouve également des décors de frises, des alternances de points et de guirlandes, plus rarement des décors animaliers et dans ce cas il s'agit le plus souvent d'oiseaux. Les pots à lait mouchetés de brun sur fond jaune, de bleu ou de vert, voire de jaune, sur fond crème sont moins fréquents que ceux décorés de fleurs, stylisées ou non. La surface décorée est elle-même très variable, certains pots sont décorés entièrement, y compris l'anse parfois, alors que d'autres ne reçoivent qu'une simple fleurette sous le bec verseur.

Couronne de feuillage bleu et baies vertes, XIXe.

Frise classique pour ce pot à cannelures du XIXe.

Fleurs brun manganèse, marguerite et œillets.

Grande marguerite brune harmonieusement encadrée.

Différents types de motifs et de frises à partir de pois de tailles et de couleurs différentes pour ces pots de la fin du XIXe.

Pot d'apparat daté 1885, commandé probablement à l'occasion d'un mariage.

Alternance de pois et de guirlandes sur ces deux séries de pots, début XXe.

Curieusement, les pots à lait tronconiques simplement engobés ou émaillés de couleur unie ne sont pas légion, les plus rares étant encore une fois les bleus et les verts.

Toute la palette des couleurs disponibles est utilisée pour le décor des pots à lait. Si les fonds jaunes deviennent omniprésents à partir du XXe siècle, auparavant le XIXe aura connu une véritable explosion de couleurs. Hormis le jaune, déjà très fréquent, les fonds brun manganèse à motifs blancs puis blancs et verts voire bleus, les fonds oranges à motifs blancs et verts, les fonds bleus, clairs ou foncés, à motifs crème ou blancs, se rencontrent assez fréquemment. Les plus rares semblent être les pots à fond blanc ou vert et je n'ai trouvé que très peu d'exemplaires de ces deux types pour illustrer cet ouvrage.

Art populaire ou production folklorique ?

Très élégante silhouette pour ce pot à lait à engobe bleu et motif blanc crème, poterie du Sundgau, fin XVIIIe.

Très rare pot à lait engobé en bleu ciel et décor floral polychrome, XIXe.

Décor blanc crème très enlevé sur fond bleu marine, XIXe.

Couleurs identiques pour l'engobe et le décor de ces deux pots du XIXe.

Petit pot, également du Haut-Rhin, fond bleu ciel et motif blanc crème et rouge brique, début XIXe.

Six pots sans doute du même atelier décorés d'un élégant collier de perles sous le col et à la base du pot, XIXe pour les quatre premiers et début XXe pour les deux autres.

Engobe bleu nuit, décor de fleurs et feuillage, fin XIXe.

Décor de la même main que la soupière et le pot à lait de la page 93 mais sur engobe bleu nuit.

Engobe bleu marine également et frise de marguerites et feuillage, XIXe.

Frise blanc crème et rouge brique bleu du XIXe à l'intérieur engobé de blanc.

Engobe bleu plus laiteux pour ces trois pots de la fin du XIXe.

Rare exemplaire de pot simplement engobé de bleu gris.

Une seule mais importante cannelure de protection à la base de ce pot du XIXe.

Décor simplifié pour ce pot des années 1920-1930.

Cinq pots du même brun manganèse pour le fond décorés uniquement de blanc crème.

Décor floral vert et blanc pour ces cinq pots du XIXe.

Au décor vert et blanc des pots précédents vient s'ajouter le bleu pour ce pot du XIXe également.

Décor très fréquent sur les pots à lait jaunes réalisé ici sur un fond manganèse.

Deux pots très évasés vers le bas au décor blanc et brun manganèse, milieu XIXe.

Motif central peu courant pour ce pot à lait du XIXe.

Trois pots au classique décor floral du XIXe.

Trois pots à fond orangé décorés de points blancs.

Très rare pot à lait décoré d'un coq, fin XIXe.

Rarissime pot à lait à fond vert et au décor de points rouges, XIXe.

Petit pot à décor jaspé brun et rouille sur fond beige, XIXe.

Deux pots à lait jaspés bleu sur fond blanc, XIXe.

Décors mouchetés bleus et verts du même type sur ces deux pots jumeaux.

Cinq types de décors bleus mouchetés différents sur fond blanc, XIXe.

Décor moucheté bleu sur fond jaune pour ce très petit pot à lait crinoline.

Très bel exemplaire de pot blanc à décor moucheté vert très rare, XIXe.

Trois pots blancs à décor moucheté jaune.

Très rare exemplaire à décor moucheté tricolore, bleu, vert et brun sur fond jaune.

Classique décor brun manganèse sur fond jaune pour ce pot des années 1900.

Dernière expression du décor moucheté sur fond jaune.

Décor très peu fréquent de marbrures bleues et rouge brique sur fond blanc, ce décor est par contre largement utilisé sur la vaisselle pour enfants.

▲ *Petit pot manganèse à gros pois blancs irrégulièrement disposés, début XIXe.*

Dans le même esprit mais à pois bruns sur fond jaune, même époque. ▼

Très joli pot à décor central de grossières fleurs vertes, XIXe.

Les pots à lait de forme alsace

Ces pots, qui ne se distinguent des précédents, comme je l'ai dit plus haut, que par leur base tronquée ou biaisée, carénée comme disent Legendre et Maire dans leur étude déjà citée, répondent par ailleurs exactement aux mêmes critères que les pots dits "crinoline". Il reste qu'il s'agit là, contrairement à ces derniers, d'une forme typique à l'Alsace. Mis à part ce détail, qui a certes son importance, on trouve ces pots dans les mêmes proportions que les autres et avec les mêmes décors sans qu'il soit possible de leur attribuer une quelconque particularité dans ce domaine comme dans celui de leur fonction. Il semble que ces deux formes aient été produites de façon parfaitement concomitante, qu'elles ne dépendaient que du bon vouloir des potiers et qu'elles aient plu à la clientèle autant l'une que l'autre. On peut simplement remarquer, et cela vaut d'ailleurs aussi pour les pots "crinoline", que l'engobe orange disparaît de ces pots assez rapidement (autour de 1900 peut-être) alors que les pots à lait engobés de bleu vont connaître un succès croissant.

Fond blanc décoré de cerises alternativement rouges et noires, XIXe.

Quatre pots manganèse à intérieur blanc dont les décors crème laissent nettement paraître la main du décorateur, XIXe.

Sur un fond blanc jaune, décor alterné de frises bleues et vertes.

Petit pot bleu à décor rouge et crème apparenté aux précédents.

Décor brun, simple mais très élégant, sur terre simplement émaillée, XIXe.

Quatre pots manganèse tous décorés de petits points blancs mais de façons différentes, XIXe.

Pot à l'engobe orange agrémenté de gros pois bleus et verts, XIXe.

Décor moucheté de bleu sur fond blanc plus fréquent sur les pots tronconiques.

Gros pois blancs et petits pois rouges sur ce pot à fond bleu.

Deux pots jaunes aux décors très élégants, motif central pour celui de gauche et guirlande polychrome pour celui de droite, XIXe.

Grand pot jaune à guirlande marron et petite fleur bleue.

Très grand pot jaune à décor de frise d'œillet, XIXe.

Dans le même esprit petite fleur plus simple et anse décorée de petits traits.

Très joli pot bleu ciel à décor d'œillets rouges, poterie de Haut-Rhin, XIXe.

Pot à fond orangé rinceaux verts et petits points bleus.

À notre connaissance le seul pot à lait simplement engobé de vert, début XIXe.

Petit pot bleu à décor de pois à base presque arrondie, fin XIXe.

Même impression quant à la forme de ce pot décoré de rinceaux rouges et de fleurs blanches.

Deux petits pots bleus décorés d'une guirlande de fleurs et d'une rangée de pois blancs sous le col.

Même type de décor mais à pois rouges, XIXe.

Petit pot bleu assez clair joliment entouré de grosses fleurs blanches, fin XIXe.

Engobe bleu intérieur et extérieur pour ce pot ceint d'une couronne de fleurs blanches, début XXe.

Petit pot engobé de brun au décor de frise rouge et verte.

Le même décor utilisé indifféremment sur des pots de plusieurs formes, XIXe.

Série de pots à fonds blancs au décor vermiculaire bleu entourant des fleurs rouges et vertes, vers 1920.

Florilège de pots de petites tailles à fonds blancs et décors typiques du début du XXe siècle.

Les pots à lait de forme cylindrique

Ces pots à lait de forme cylindrique à une anse apparaissent au XIXe siècle et sont produits sans discontinuer jusqu'au début du XXe. Il en existe de toutes les tailles avec des contenances variant de 0,25 à 10 litres, les plus petits d'entre eux étant plus connus sous le vocable de "rutschhafe", littéralement, "pots à glisser", sous-entendu sur la cuisinière. Egalement appelés pots "Hecker" pour les plus grands d'entre eux, leur usage était le même que celui des pots "crinoline". Il est cependant permis, nombre de ces pots n'étant que peu ou pas décorés et souvent de contenance supérieure, de penser que ceux-ci servaient peut-être davantage à la conservation du lait qu'à sa présentation à table. On trouve en effet un grand nombre de pots "Hecker" simplement engobés de jaune assez soutenu à l'extérieur et de blanc crème pour l'intérieur. Quand ils sont décorés, il s'agit bien souvent d'une simple frise sous le col et non pas de ces bouquets exubérants que l'on peut voir sur les pots tronconiques. Il semble par contre que le décor moucheté, surtout de brun sur jaune et plus rarement de bleu sur crème, soit plutôt leur apanage. On peut voir dans les pages qui suivent un de ces pots engobé en bleu clair uni très peu fréquent et quelques uns marbrés ou jaspés brun et crème.

Il existe, toujours dans le domaine des formes cylindriques, une variante significative sous la forme dite des boîtes à lait. Il s'agit de pots classiques, auxquels le potier a rajouté, perpendiculairement à l'axe anse - bec verseur, une véritable anse de panier. Ce dispositif était clairement destiné à une clientèle qui, ne possédant pas de bétail, allait chercher son lait à la ferme voisine. Ces pots, aujourd'hui extrêmement rares, étaient très riches en couleur et en décor, on peut en voir quatre exemplaires remarquables dans Poteries Populaires d'Alsace.

Pot à lait cylindrique ou droit à l'engobe intérieur et extérieur blanc crème, XIXe.

Grand pot droit à décor jaspé brun sur fond blanc, XIXe.

Très beau pot cylindrique décoré d'un mouchetis très net bleu marine sur fond jaune foncé, poterie du Haut Rhin, milieu XIXe.

Très grand pot droit à bel œillet central prolongé d'une frise brune.

Rarissime décor drapé à l'engobe rouge sur une terre simplement vernissée, vers 1830.

Classique décor moucheté brun sur fond jaune pour ce grand pot de la fin du XIXe.

Beau décor moucheté bleu sur fond d'engobe blanc.

Très rare pot droit uniformément bleu du Haut-Rhin, milieu XIXe.

Pot droit engobé de blanc, la finesse de son mouchetis brun lui donne une couleur générale rosâtre, XIXe.

Décor moucheté assez pauvre sur fond jaune pour ce pot du XXe siècle.

Pot droit manganèse sans décor, simplement cannelé aux points de contact.

Petit pot droit au très beau décor floral vert et brun sur fond jaune.

Pot droit à l'engobe rouge brique au décor de tulipes blanc et bleu, fin XIXe.

Pot manganèse décoré d'un très joli bouquet de fleurs bleues et feuillage blanc qui a très peu servi, XIXe.

Riche décor moucheté brun rouge sur engobe blanc, XIXe.

Petit pot droit à cannelures et décor de gros pois verts et bruns sur fond jaune.

Pot droit à engobe orangé, joli bouquet de marguerites.

Petit pot à cannelures jaune clair au décor blanc et vert.

Pot droit jaune orangé décoré d'une frise de feuillage vert et de fleurs blanches et brunes, XIXe.

Pot manganèse, joli décor de frise.

Très rare pot à l'engobe blanc crème parsemé de petits soleils bleus et rouges, XIXe.

Pot manganèse, frise de pois blancs et chevrons verts, XIXe.

Petit pot cylindrique (rutschhafe) au rare décor d'oiseau et de frise, milieu XIXe.

Ces deux pots, l'un rouge, l'autre jaune, représentent l'immense majorité de la production de ce type.

Tout petit pot à crème bleu à gros pois blancs, XIXe.

Deux autres exemples de production très courante de la fin du XIXe.

Même forme et mêmes couleurs employées pour ce pot à crème du XIXe.

Plus tardif ce modèle engobé de bleu à l'extérieur comme à l'intérieur.

Petit pot droit au bec verseur rappelant les pots savoyards, XXe.

Deux pots à lait de grande contenance, l'un d'eux ayant même servi à la conservation des œufs, engobe manganèse, début XIXe.

Petit pot à décor de chaînette sur fond blanc, moyenne Alsace début XIXe.

Pot à lait manganèse très pansu vers le bas, XIXe.

Petit pot à décor d'émail polychrome projeté sur fond d'engobe clair, XIXe.

Ce décor fréquent sur les pots cylindriques, se retrouve sur ce grand pot au galbe équilibré XIXe.

Pot à lait manganèse de forme particulière, XIXe.

Les pots à lait ventrus

Il existe une quatrième forme de pot à lait, beaucoup plus confidentielle celle-là, qui rappelle un peu les pots à lait caillé de par leur silhouette pansue, sans en avoir la même utilité. Il s'agit en fait d'un compromis entre le pichet et le pot à lait et dont la fonction est la même que ces derniers. Leur période de production oscille entre le XVIIIe et le début du XXe siècle. Les décors de ces pots sont des plus variés puisqu'ils font à peu près la synthèse de tous ceux qui ont été évoqués plus haut avec en plus un décor spécifique qui consiste en une sorte de projection de diverses couleurs d'émail sur un fond blanc ou crème. Certains modèles recevant, comme les boîtes à lait citées plus haut, une anse de panier.

Décor marbré blanc et vert sur fond ocre rouge pour ce très grand pot de la région de Sélestat, XIXe.

Très beau décor blanc sur ce pot manganèse piriforme du XIXe siècle.

Ce pourrait être un rutschhafe à panse !

Pot à crème émaillé de vert.

Rare modèle de boite à lait à panse ronde, poterie de Diemeringen, fin XIXe.

Interprétation du XXe siècle du pot précédent, engobe bleu.

Pot à crème au décor floral typique des années 1900.

La cuisson

Une des grandes composantes de la poterie de terre vernissée tourne évidemment autour de la cuisson des aliments qui est sa fonction première. La typologie de la production d'articles destinés à cet usage est des plus variées. De la grosse marmite au plat à gratin en passant par les daubières et terrines sans oublier les plats à rôti ou "ganzepfanne", le sujet est vaste.

Un caquelon et deux petites cocottes du XVIIIe.

Pot tripode vers 1800, entièrement émaillé.

Les cocottes et marmites tripodes

En étudiant cette poterie de cuisson à partir des éléments constitutifs des différentes collections privées que nous avons pu approcher, on constate qu'elles contiennent quasiment toutes quelques pièces sur pieds communément appelées cocottes ou marmites tripodes. Elles étaient conçues pour faire à manger dans ces maisons primitives qui ne possédaient pas encore de cuisinière maçonnée et où la cuisine se faisait directement dans les braises de l'âtre. Ces cocottes existaient en plusieurs tailles et possédaient toujours une anse ou un manche, celui-ci étant fréquemment creux permettant ainsi l'adjonction d'une rallonge en bois. La plupart de ces pièces datent des XVIIe ou XVIIIe siècles, époques auxquelles la poterie culinaire n'était encore émaillée qu'à l'intérieur, l'extérieur n'étant bien souvent décoré que d'un léger filet ou de quelques arabesques à l'engobe brun rougeâtre. Cette poterie sur pieds a été produite de façon confidentielle jusqu'à la fin du XIXe siècle, et s'est arrêtée avec la disparition des feux ouverts. Il est cependant curieux de noter que dans le domaine des moules à gâteaux on observe le phénomène inverse ; pour la fleur de lys par exemple, les plus anciens modèles sont à fond plat, alors que les plus récents sont munis de pieds.

Grand pot tripode, vernissé à l'intérieur, extérieur non engobé, XVIIIe.

Marmite à deux anses, extérieur non vernissé.

Deux poêlons engobés de jaune, XIXe et XXe.

Poêle à œufs curieusement vernissée à l'intérieur comme à l'extérieur, début XIXe.

Marmite à deux anses engobe manganèse, couvercle manque, XIXe.

Marmite droite à base tronquée et deux poignées, décor de projections rouges sur engobe jaune XIXe.

Les casseroles et les poêles

Ce groupe de formes présente un nombre important de variantes mais est caractérisé par une poignée de préhension tubulaire sur la panse. Certains modèles sont à panse verticale pour une contenance allant de 0,25 à 7 litres environ, leur engobe intérieur étant quasiment toujours jaune. Extérieurement ces casseroles peuvent être jaunes, oranges ou brun manganèse. D'autres modèles, peut-être un peu plus rares en Alsace mais fréquents dans le midi de la France, sont à panses tronconiques avec les mêmes engobes. Leur contenance est également un peu moins importante, les plus grandes pouvant aller jusqu'à 5 litres. Enfin il existe des casseroles à panses rondes, dites casseroles allemandes, au décor et à la contenance similaires. Dernier type de cette famille, les poêlons qui possèdent une paroi oblique et un déversoir perpendiculaire à l'axe de la poignée.

Trois marmites à deux anses et anneau de rétention, la plus grande munie de trois pieds sur son fond arrondi permettant ainsi un double usage, XIXe.

Les marmites

Utilisées exclusivement, comme les casseroles qui précèdent, pour la cuisson, les marmites comportent toujours deux anses ou poignées latérales ainsi qu'un couvercle. Il en existe plusieurs variantes dont la plus simple est caractérisée par sa panse droite, un intérieur orangé et des parois extérieures non engobées. Ce modèle existe en plusieurs tailles et a été produit, à Soufflenheim au moins, jusqu'à la Deuxième Guerre Mondiale. Un deuxième modèle, à la panse galbée, engobé à l'extérieur celui-là de brun manganèse, existe en forme haute et forme basse avec des contenances variant de 1 à plus de 10 litres. Viennent ensuite les marmites à panses tronconiques, évasées vers le haut, possédant un anneau de rétention à peu près au milieu du corps permettant une adaptation à l'un des feux de la cuisinière. Ces marmites que l'on trouve sous la dénomination de casseroles "allemandes" dans les catalogues de la fin du XIXe siècle, étaient qualifiées d'économiques. Elles sont toujours engobées de jaune à l'intérieur et de brun manganèse à l'extérieur, leurs tailles peuvent aller de 0,80 à 10 litres, et il faut savoir qu'on les trouve beaucoup plus rarement que les autres modèles de marmites. Il existe un modèle apparenté, dont la panse est évasée vers le bas, qui porte la dénomination de marmite "suisse" et dont la contenance varie de 1 à 11 litres. Enfin, les casseroles à four qui sont à panse droite le plus souvent mais qui existent aussi à panse tronconique évasée vers le haut, qui peuvent être munies d'un bec verseur et dont les couleurs d'engobe sont l'orange et le jaune.

Petit récipient à réchauffer les aliments avec anneau de rétention, XVIIIe.

Deux marmites de type "suisse" du XXe siècle.

Marmite droite à base tronquée et deux poignées, engobée de bleu avec beau décor floral, début XXe.

Terrine à " baeckeofe" à l'engobe jaune verdâtre et blanc à l'intérieur, fin XVIIIe.

Belle terrine engobée de brun manganèse, le ruban du couvercle étant particulièrement soigné, début XIXe.

Ensemble de terrines à "baeckeofe" de la fin du XVIIIe au début du XIXe, à noter que les couvercles peuvent être à boutons ou à poignées.

Les terrines ou daubières

C'est parmi les terrines que l'on trouve un des emblèmes de la poterie vernissée alsacienne, je veux parler bien sûr de la terrine à "baeckeofe". Ce plat qui, comme la choucroute, a tant fait pour la renommée de la cuisine alsacienne, a toujours été préparé dans son propre récipient de cuisson. Ces terrines à fond plat dont les parois sont parfaitement verticales pour les anciennes et même très légèrement évasées vers le bas pour les plus archaïques, possèdent toujours deux poignées et un couvercle parfaitement plat et très mince. Un ruban de terre, écrasé à intervalles réguliers par le pouce du potier, parallèle au bord du couvercle vient fréquemment décorer autant que consolider celui-ci. La forme oblongue de ces terrines était obtenue à partir d'un cylindre façonné au tour que le potier étirait vers les extrémités et qu'il collait sur une fine plaque de terre qu'il découpait ensuite aux dimensions de la forme obtenue. Les terrines de cette époque n'offraient jamais, hormis le ruban du couvercle, aucun décor quel qu'il soit, mais leur engobe blanc crème à l'intérieur et jaune, jaune vert ou brun manganèse, quelquefois moucheté brun sur jaune à l'extérieur et leurs proportions parfaites, leur austérité même, leur donnent une allure incomparable. Presque toutes ces terrines portent sur le fond un numéro identique à celui que l'on trouve à l'envers du couvercle, tracé à main libre et qui servait à la fois de référence et de moyen rapide d'appareillage.

Vers 1880 apparaissent, sur ces formes primitives, des engobes de couleur, l'orange et le bleu par exemple, et un décor floral similaire à celui des pots à lait, en même temps que la poignée du couvercle se transforme en bouton servant à la préhension.

Par la suite, ces terrines ont été moulées sur des matrices, et leur forme s'est légèrement évasée, vers le haut cette fois, facilitant ainsi le démoulage. Les couvercles, moulés eux aussi, sont alors devenus beaucoup plus épais et ont pris une forme bombée beaucoup plus résistante. Les différentes matrices utilisées permettaient une décoration dans la masse, de frises de stries ou de petites arcades.

À partir des années 50, on a rajouté à ces pièces moulées et déjà décorées dans la masse, ce même décor floral ou d'autres motifs tout à fait fantaisistes et pas forcément du meilleur goût mais qui plaisent tant aux touristes...

Terrine de très grande contenance (environ 15 litres), début XIXe.

À sa place à l'entrée du four à pain, cette belle terrine possède un couvercle qui n'a pas pris la même patine, début XXe.

Deux terrines engobées de bleu, premiers exemplaires décorés, deuxième moitié du XIXe siècle.

Petite terrine à "baeckeofe" à l'engobe orangé décoré de guirlande de fleurs, XIXe.

Grande terrine jaune au couvercle dont le ruban est remplacé par une double rainure.

Deux terrines représentatives de la production du début du XXe siècle.

Belle terrine mouchetée de bleu, très rare décor pour ce type poterie.

Sur le modèle des terrines à "baeckeofe", une longue terrine à poisson à couvercle rubané, début XIXe.

Les terrines à poisson

Tout à fait dans le même esprit que les premières terrines à "baeckeofe", les potiers de Soufflenheim (et d'ailleurs) nous ont laissé de superbes terrines à poisson. Celles-ci possèdent des caractéristiques identiques aux "baeckeofekarr" des origines, un fond plat, des parois verticales et un couvercle quelquefois rubané, souvent agrémenté d'une poignée de préhension très ouvragée en forme de poisson plus ou moins grand. La forme générale de ces terrines est cependant assez différente. De par leur fonction elles sont beaucoup plus étroites et souvent plus longues que les précédentes. Celles que nous avons pu photographier étaient toutes engobées de jaune au-dehors et de blanc crème pour l'intérieur. D'autres couleurs ont-elles été utilisées ? Je ne saurais le dire. Par rapport aux autres terrines, peu d'entre elles sont arrivées jusqu'à nous, ceci étant probablement dû à leur forme qui les rend extrêmement fragiles, mais il est également curieux de constater que la production de ces terrines à poisson semble n'avoir pas survécu aux années 1860-1870.

Autre type de terrine à poisson, sans couvercle, rouge orangé à l'extérieurblanc crème à l'intérieur, fin XIXe.

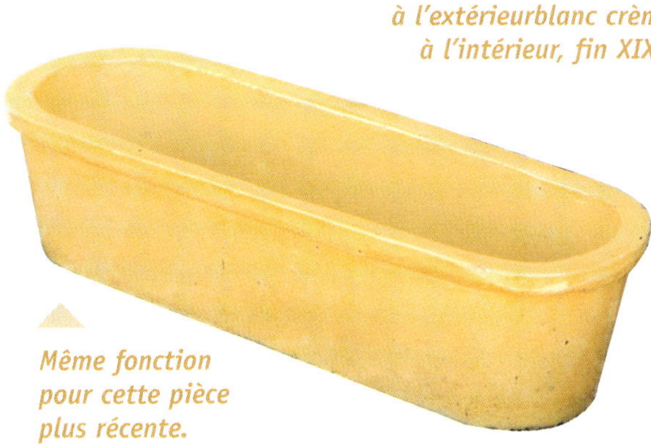

Même fonction pour cette pièce plus récente.

Un peu plus tardive, cette très belle terrine mouchetée dont le couvercle présente un poisson entier en relief surmonté d'un bouton de préhension lui-même décoré d'un poisson, XIXe.

Très jolie terrine à pâté, engobe blanc et jaune, couvercle rubané, XIXe.

Les terrines à pâté

Apparues semble-t-il un peu plus tardivement que les terrines à baeckeofe, peut-être parce que l'Alsace contrairement à d'autres régions françaises n'a pas une très forte tradition culinaire en matière de pâté (hormis le foie gras bien sûr), les premières terrines de forme carrée ou rectangulaire n'en ont pas moins quasiment les mêmes caractéristiques : les fonds plats, les parois droites et les couvercles plats et souvent rubannés ou digités selon le terme quelquefois employé, ceci pour les plus anciennes. Les couleurs d'engobe sont également les mêmes, le jaune, le brun manganèse et le blanc crème. On peut en distinguer de plusieurs tailles dans chacune des catégories basses ou hautes.

Leur évolution dans le temps est également comparable, les modèles suivants étant produits à partir de matrices aux détails plus ou moins élaborés sont donc toujours légèrement évasés vers le haut et coiffés de couvercles bombés.

Terrine à pâté très basse, couvercle rubané, XIXe.

Terrine carrée peut-être destinée à faire le foie gras, fin XIXe.

Très grande terrine à pâté engobée de blanc crème à l'intérieur et de brun manganèse à l'extérieur, fin XIXe.

Les plats à rôti

Appelés souvent à tort lèchefrites, ces plats à rôti, en alsacien "ganzpfann" autrement dit et littéralement "plat à faire cuire les oies", sont assez fréquents du XVIIIe au XIXe siècles mais disparaissent entre les deux guerres. De forme générale rectangulaire et à fonds plats, ils sont pourvus d'une anse et d'un bec verseur, leurs parois sont verticales et parfois rentrantes pour les plus anciens. Parmi ceux-ci, certains présentent un, deux, voire trois cordons, rubanés ou non, sur le fond. Plutôt que de décor, ils servent à consolider le fond toujours très mince et à empêcher toute adhérence. Les engobes des plus anciens de ces plats sont le jaune crème et brun manganèse pour l'extérieur et uniquement le jaune crème pour l'intérieur. En évoluant avec le temps, ces plats vont perdre ces cordons, leurs parois vont s'évaser vers l'extérieur et l'engobe rouge orangé va s'imposer de façon systématique.

Quatre modèles de plats à rôtir dont le fond possède des colombins écrasés ou non et décorés d'engobes différents, milieu XIXe.

Curieux plat à rôtir sans le fameux bec verseur, XIXe.

Trois modèles de plats à rôtir de la deuxième moitié du XIXe aux parois plus épaisses et aux fonds dépourvus de colombins.

Plat à rôtir à fond arrondi, sans doute prévu pour une cuisson dans l'âtre début XIXe.

Trois plats à gratin de facture et de tailles similaires, même engobe ivoire à l'intérieur et manganèse pour l'extérieur, bourrelet de finition identique début XIXe.

Les plats à gratin

Si la fonction première de ces plats était la confection des gratins, ils servaient également à faire des clafoutis et des mendiants (bettelmann). À première vue on pourrait dire que ces plats sont de forme ovoïde alors qu'en fait, pour les plus anciens au moins, leurs côtés sont parallèles et sont réunis au moyen de deux demi-cercles. Les parois en sont verticales, d'une hauteur maximum d'environ 7 à 8 cm et se terminent en haut par un bourrelet arrondi. La longueur de ces plats est comprise entre 25 et 60 cm et si l'intérieur est toujours blanc crème, l'extérieur peut être engobé de manganèse, d'orange ou de jaune. Avec le temps apparaissent des poignées latérales, le décor moucheté et une forme plus ovale. Les plats à gratin, comme les autres formes précitées, à parois verticales, disparaissent à la fin du XIXe siècle et laissent la place à des plats de forme franchement ovale, aux bords largement ouverts et nettement moins hauts, de couleur jaune brunâtre assez terne. Puis arrivent, dans le genre "on décore tout y compris les plats à cuisson" les plats à gratin engobés de couleur bleue ou verte avec motifs floraux ou géométriques même dans le fond du plat, productions plutôt destinées à paraître qu'à servir.

Deux plats à gratin engobés de rouge du milieu du XIXe.

Tous trois engobés de blanc jaune à l'intérieur, ces plats à gratin sont du XIXe.

Ce petit plat à deux poignées engobé de jaune orangé est moucheté à l'extérieur, XIXe.

Deux plats à gratin de forme ovoïde du début du XXe.

La poterie culinaire non destinée à aller au feu

Quatrième grand domaine de production de terre vernissée, les objets réellement utilitaires n'ayant pas vocation à aller au feu. Ce sont des objets indispensables à la vie de tous les jours mais dans des activités très variées. Mis à part les barattes, la plupart de ces pièces ne sont pas décorées ou tout au plus de motifs au stylet dans la terre crue, l'engobe seul faisant office de décor.

Cette sobriété n'altère en rien la beauté intrinsèque de cette poterie qui tient sa noblesse de sa fonction.

Bol du XVIe siècle, en terre crue, décoré à la roulette.

Les bols, tasses et assiettes

On connaît très peu de modèles anciens de ces différents types de vaisselle usuelle et ceci s'explique aisément par la fragilité de la terre vernissée quand elle est confrontée à un usage intensif et peu délicat. Leur remplacement devait être assez fréquent et lorsque, vers le milieu du XIXe siècle, apparut une vaisselle de faïence beaucoup plus résistante et accessible à tous, les paysannes adoptèrent massivement cette nouvelle matière qui offrait en outre l'avantage d'être plus facilement lavable et, partant, plus hygiénique. Les catalogues de potiers des années 1880-1900 sont très pauvres en la matière et il est très difficile de trouver des tasses ou des assiettes de la deuxième moitié du XIXe, alors que des pièces antérieures sont peut-être, toutes proportions gardées, moins rares.

Tasse à bouillon du XIXe en terre simplement émaillée.

Quatre plats creux servant à travailler la pâte (teigschessle) aux engobes et décors variés, vers 1900.

Deux saladiers crénelés diversement décorés, après 1900.

Deux petits saladiers au décor très riche, de l'entre-deux guerres.

À ne pas confondre avec les 2 modèles de bas de page, ce récipient, quoique ne comportant pas de poignées, sert à récupérer le sang du cochon pour en faire du boudin, son bec verseur en atteste. Engobe vert, début XIXe.

Les plats creux (teigschiessle)

Ces plats ne sont pas à confondre avec des plats de présentation, il s'agit de récipients très creux à la forme tronconique évasée caractéristique et directement dérivée des modèles du Moyen Âge. Ces plats de tailles et de contenances très variables (de 16 à 50 cm de diamètre) servaient, entre autre, à faire de la pâte à gâteaux, expliquant ainsi le nom alsacien de "teigschiessel" mais aussi à toutes sortes de mélanges culinaires. Il est probable que ces plats aient servi également de saladiers et d'ailleurs, après 1900, les bords de certains d'entre eux seront crénelés de façon à en préciser l'usage. Le choix des décors en est assez restreint, jaune clair uni parfois agrémenté de liserés bruns juste au-dessous de la lèvre ou simplement engobé de rouge orangé avec le plus souvent un ou plusieurs liserés blanc crème disposés de la même façon. Quelques rares exemplaires ont été décorés dans le fond de très simples fleurs blanc crème avec quelquefois des dates tournant autour de la fin du XIXe siècle. Il semble que pour les plus grandes de ces pièces les décors soient plus variés. On trouve en effet, pour les très grands formats autour de 50 cm, des décors mouchetés de brun sur fond orangé, de brun tirant sur le lie-de-vin sur fond crème et parfois jaune très pâle ou vert uni.

Il arrive que ces très grandes pièces soient pourvues de deux anses et d'un bec verseur, leur utilisation n'en est alors plus du tout la même, il s'agit dans ce cas de récipients destinés à recueillir le sang du cochon pour en faire le boudin (bluetschiessel), mais leurs décors sont strictement identiques.

Plat creux blanc crème destiné au même usage que le précédent mais avec ses poignées, XIXe.

Très grand modèle de "teigschessel" moucheté lie-de-vin sur fond crème, XIXe.

Même usage, mais décor moucheté de brun sur fond orange, XIXe.

Deux faisselles engobées de jaune, l'une cylindrique et l'autre tronconique aux pieds très recourbés, autour de 1900.

Joli modèle de passoire début XIXe à deux anses, engobé de vert à l'extérieur et mordoré à l'intérieur.

Passoire engobée de rouge orangé à deux poignées, au décor de filets et de points, XIXe.

Petit panier à cerises dont la forme découle des passoires, production assez tardive mais bien dans l'esprit du XIXe.

Les faisselles et passoires

Les seules formes à présenter des perforations multiples sont les faisselles et les passoires.

Les premières, destinées à la fabrication du fromage blanc par filtrage du lait, sont toujours tripodes et possèdent une panse droite munie d'une seule anse. Leur contenance varie de 1,5 à 3 litres, et elles sont quasi invariablement engobées de jaune. Les secondes, utilisées pour laver les fruits et les légumes, ont une panse tronconique plus large et plus ouverte ainsi que deux poignées au niveau de la lèvre. Les fonds de ces dernières sont le plus souvent pourvus de trois ou quatre pieds mais peuvent également être plats et les couleurs d'engobe sont plus variées allant du jaune au vert en passant par l'orange et le brun manganèse.

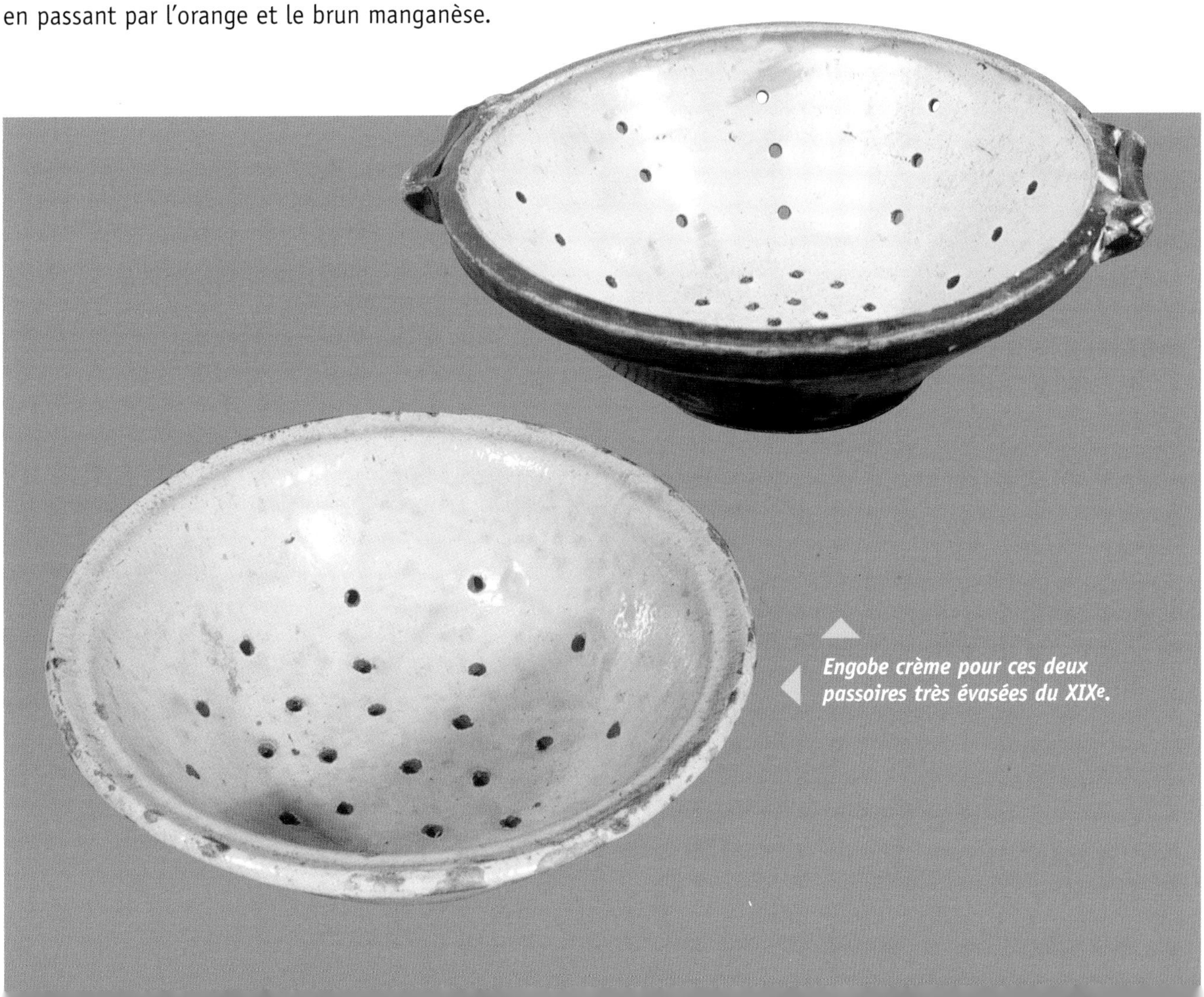

Engobe crème pour ces deux passoires très évasées du XIXe.

Les barattes

La présence de barattes en céramique est attestée en Alsace depuis la fin du XVIIIe siècle. Produites jusqu'à la Première Guerre Mondiale environ, elles ont été remplacées ensuite par des modèles en verre munis d'un agitateur rotatif actionné par une manivelle. Ces barattes, calquées sur les modèles en bois, sont de forme tronconique et toujours pourvue d'un couvercle et d'un petit dôme destiné à contenir les projections, tous deux également en céramique, percés en leur milieu afin de permettre le passage du manche de l'agitateur. Ces barattes sont le plus souvent engobées de jaune agrémenté de filets bruns ou rouges ou d'orangé avec filets blancs. Il en existe cependant quelques exemplaires superbement décorés de motifs au barrolet, qui ont probablement fait office de cadeaux de mariage.

Baratte engobée en rouge orangé avec larges filets crème, XIXe.

Cruche à distillat au décor tacheté de la poterie de Sélestat, début XIXe.

Les bonbonnes à eau de vie

Rares sont les ustensiles ayant été produits à la fois en terre cuite et en grès. Ces bonbonnes qui n'étaient destinées qu'à récupérer l'eau-de-vie à la sortie de l'alambic, font partie de cette catégorie. Pour les deux productions, les caractéristiques sont les mêmes. De forme pansue, presque globulaires et très volumineuses, ces cruches à large col et bec verseur possédaient toujours deux fortes anses partant du col pour aboutir à l'épaulement de la panse. S'il semble que la conservation des liquides ait été plutôt l'apanage de la poterie de grès, il n'en reste pas moins que l'on trouve autant, sinon plus, de ces cruches en terre vernissée qu'en poterie de Betschdorf, étant entendu que cette eau-de-vie devait être assez rapidement transvasée dans des récipients en grès destinés à la conserver. Le décor de ces pièces est réduit à la couleur de l'engobe qui peut être jaune doré, brun orangé, brun manganèse ou vert mais beaucoup plus rarement. Quelquefois une frise, réalisée au stylet dans la pâte encore fraîche, vient courir tout autour du pot au niveau de son épaulement. Seules les bonbonnes à eau-de-vie de Sélestat sont réellement décorées, et ce au moyen de taches de couleurs vertes, et brunes sur fond blanc, comme un certain nombre d'autres pièces de cette région.

Cruche à distillat, émaillée sur terre rouge d'Alsace Bossue, XVIIIe.

Cruche du XVIIe destinée à recueillir le distillat, munie d'un goulot verseur sur la panse en terre brute.

Très belle cruche à eau-de-vie décorée à l'engobe blanc sur terre rouge, XVIIe.

Cruche à distillat engobée de vert foncé, décorée au stylet, XVIIIe.

Cruche à eau-de-vie plus fruste d'Alsace Bossue, XVIIIe.

Cruche à eau de vie de même type mais de facture un peu plus récente et élégamment renforcée d'un treillis grillagé.

La poterie de présentation

Cette poterie spécifique occupe une place très importante dans le volume général de production des différents centres potiers même si, chronologiquement, elle n'est apparue qu'après la poterie dite de cuisson. De par sa fonction l'ensemble de cette production est évidemment, et depuis toujours, beaucoup plus décoré que la poterie de cuisson. Tous ces plats, soupières, pichets et autres saladiers arrivent sur la table et se doivent d'être représentatifs de l'aisance de la famille.

Si l'on connaît un certain nombre de pièces décorées des XVIe et XVIIe siècles, c'est au XVIIIe et surtout au XIXe siècle que cette poterie d'apparat va faire son entrée de façon massive dans les fermes alsaciennes tout en restant utilitaire. Avec la fin du XIXe siècle, elle va se galvauder et devenir dans bien des cas plus décorative que réellement utilisée. C'est une époque critique pendant laquelle disparaissent énormément de potiers, concurrencés par l'industrialisation de faïenceries, comme Sarreguemines toute proche, et par l'apparition en masse d'ustensiles de cuisine en tôle émaillée. Le seul centre de potier qui survivra à cette évolution de la demande est bien évidemment Soufflenheim, mais ce sera au prix du glissement d'au moins une partie de la production utilitaire vers des objets à connotation souvent folklorique.

Les plats à aile ou "marli"

Dans la gamme très vaste de la poterie de présentation, dont ils occupent pourtant une part notable de la production, la typologie des plats se limite cependant à trois variantes essentielles. Le premier modèle, dont la présence est déjà attestée en Alsace au XVIIe siècle, est le plat à marli dit "plat alsacien". D'un diamètre variant de 16 cm pour les plus petits à près de 50 cm pour les plus grands, ces plats dont le marli pouvait faire jusqu'à 8 cm de large, offraient de vastes champs permettant aux décorateurs de donner libre cours à leur imagination. Le décor floral, sous toutes les formes possibles, a évidemment été le plus exploité. De la simple fleur monochrome au bouquet multicolore très élaboré, passant en revue toute la flore alsacienne et même audelà, les plats ont permis des décors que l'on ne retrouve sur aucun autre type de poterie. Mais leur décor ne s'arrête de loin pas à la flore, quantité de plats sont décorés d'étoiles, de cœurs, de compositions mêlant ces derniers à des fleurs réelles ou imaginaires. Le bestiaire est lui aussi très bien représenté, on ne compte plus les plats mettant en scène des cerfs, des chevaux, des oiseaux ou des poissons (sous la forme du fameux triquètre). Des personnages y figurent également, bien que de manière assez rare, duel de hussards, hussard à cheval ou scènes villageoises, couple de danseurs, laboureur au champ etc.

Très beau plat décoré d'un cervidé daté 1851 sur le marli noir avec inscription :
"Ich bin ein hirschlein für das geld in der blad und nicht im felt 1851"
"Je suis un cerf dans un plat, qu'on a tué pour de l'argent, et je ne suis donc plus en liberté."

Plat à aile décoré d'un oiseau et de trois branches, marli en blanc avec inscription :
"Ich bin ein vogel aller ding das brot ich iss das lied ich sing 1850"
"Je suis vraiment un oiseau, je mange le pain et je chante la chanson."

Plat à aile engobé en blanc daté de 1848 décoré de deux paons dos à dos, avec inscription :
"Zwei rosen auf einem stengel lass dich kussen mein lieber engel"
"Deux roses sur la même branche, embrasse-moi mon cher ange."

Plat à jambon décoré d'une branche fleurie à marli blanc portant l'inscription :
"Der ist weis und wolgeschickt der seine hosen selber flickt"
"Bien malin et adroit celui qui ravaude son pantalon lui-même."

Mais le plus étonnant d'entre eux est évidemment ce plat qui nous montre deux locomotives se croisant, daté de 1855, agrémenté d'une sentence qui sent bon la campagne, que nous montre Georges Klein sur la planche 42 de "Poteries Populaires d'Alsace". Car en plus de leur décor, ces plats comportaient bien souvent sur l'aile (marli) une inscription sous forme de maxime, de vérité première et même de réflexion philosophique. Quand ce n'était pas le cas, une frise de "chien courant" ou un décor de feuillage linéaire vient occuper cet espace.

Les couleurs d'engobe de fond de ces plats sont très variables ; le rouge orangé, dans des tons plus ou moins foncés, est le plus fréquent, surtout vers la fin du XIXe siècle, mais il n'est pas rare de voir des fonds brun manganèse ou blanc crème et lorsque ces plats comportent une inscription le marli est systématiquement d'une couleur différente de celle de la cuvette.

La fin du XIXe siècle uniformisera d'orangé l'engobe des ces plats et les décors floraux deviendront de plus en plus simples et de la seule couleur blanc crème.

Les plats à fonds verts ou bleus n'apparaîtront qu'après la Première Guerre Mondiale avec des décors s'inspirant, de manière d'ailleurs assez juste, des décors du XIXe. C'est, à mon sens, au travers des plats à ailes que la production de Soufflenheim du XXe siècle a su maintenir vivant l'esprit des potiers d'antan.

Plat à aile engobé de rouge, décoré d'un hussard sabre au clair, XIXe.

Cinq plats à ailes engobés de rouge et décorés de motifs au barrolet, tous les cinq du XIXe.

Plat à aile engobé de rouge, décor fleuri et marli noir avec frise florale, XIXe.

Plat à jambon au décor typique de la poterie de Barr, XIXe.

Plat à jambon manganèse au décor blanc crème, début XIXe.

Plat à aile décoré d'une branche fleurie, poterie de Pfaffenhoffen vers 1880.

Plat à aile joliment décoré d'une étoile à huit branches et frise bicolore sur le marli.

Plat à jambon au très rare décor de village avec église au clocher à bulbe daté de 1883.

Plat creux engobé de brun manganèse au décor Napoléon III daté de 1871.

Plat très creux engobé en jaune clair au décor polychrome, XIXe.

Plat très creux engobé de blanc crème au simple décor de tournesol, XIXe.

Plat creux engobé en beige, décor blanc dédié à "Marie", XIXe.

Les plats creux

Les plats creux se différencient des plats dits "alsaciens" par leur absence d'aile ou marli. Ce sont de simples cuvettes dont le rebord se termine par un bourrelet, n'offrant donc pas les mêmes possibilités de décoration. Il semble en outre que ce type de plat soit moins ancien que le précédent, les dates que l'on peut voir sur certains d'entre eux ne remontant pas au-delà des années 1830 - 1840 (cf. Poteries Populaires d'Alsace). Il n'est donc pas étonnant que leur décor, tant en variété qu'en qualité, ne soit pas du niveau de celui des plats à aile. Mis à part quelques rares exemplaires, celui-ci se limite le plus souvent à un bouquet conventionnel au fond de la cuvette ou, bien souvent, une fleur solitaire. Il en existe un très grand nombre dont le seul décor consiste en deux ou trois filets blanc crème situés juste au-dessous du rebord, voire sans décor du tout. La quasi-totalité des ces plats, y compris ceux qui sont décorés, est engobée de rouge orangé mais on peut en voir certains engobés de jaune agrémentés de filets brun manganèse.

Plat creux engobé de manganèse, grand coq polychrome dans le fond, XXe.

Deux plats creux engobés de rouge décors floraux vers 1900.

Les plats à tarte

C'est l'expression la plus simple du plat ; il s'agit en effet d'un simple disque de terre vernissée sans rebord ni relief. La production de ce type de plat semble commencer avec les années 1900, les catalogues antérieurs n'attestant pas de leur fabrication. Leur décor peut être floral ou, comme dans bien des cas, constitué de simples filets formant des cercles concentriques, ces deux motifs pouvant par ailleurs coexister sur le même plat. Toutes les couleurs d'engobe ont été utilisées pour le fond comme pour la décoration.

Plat à tarte moucheté de bleu sur engobe blanc crème.

Cinq plats à tartes à fond blanc crème décorés de cercles concentriques de couleurs alternées, vers 1900.

Plat à tarte engobe manganèse décoré d'une couronne d'œillets, vers 1920.

Pichet droit à décor d'oiseaux, XIXe.

Simple engobe jaune à pois rouges et verts, XIXe.

Trois pichets de formes et décors différents, vers 1900.

Petit pichet piriforme entièrement engobé de vert, fin XIXe.

Les cruches et pichets

De même forme générale que les pots à lait caillé, les pichets ne diffèrent de ces derniers que par leur bec verseur, parfois très saillant, et leur base à piédouche. À l'origine déjà, même si cela ne remonte qu'au milieu du XIXe, ces cruches étaient destinées à être offertes aux jeunes mariés et avaient valeur de souvenir. Ces cruches sont ainsi fréquemment datées et marquées d'initiales mais sans systématique. Elles étaient donc plus décoratives que réellement utilitaires, de là cette surabondance de décors, bien souvent en relief d'ailleurs, ces boutons de couvercles en forme d'oiseau ou à figure humaine. Ces pichets sont le plus souvent brun manganèse à décor crème ou rouge orangé à décor polychrome. Par la suite, si la silhouette piriforme a perduré, la taille et les décors se sont banalisés et on a fini par ranger sous vocable de cruche tout ce qui permettait de servir le vin ou tout autre liquide sur la table.

Pichet jaune entièrement décoré de frises, vers 1930.

Pichet piriforme engobé de jaune orangé à décor floral, début XXe.

Tout petit pichet joliment fleuri.

Petite soupière à engobe manganèse et joli décor crème, milieu XIXe.

Engobe jaune, décor vert et manganèse couvercle manque, XIXe.

Petite soupière très ronde engobée de bleu nuit.

Deux soupières à l'engobe bleu et décor floral, début XXe.

Les soupières

Comme les cruches, les soupières font partie de ces pièces de mariage particulières à la production de Soufflenheim semblant constituer un phénomène purement régional. Les très riches décors au barrolet ou en relief, les parois parfois ajourées, les boutons de couvercle figuratifs mettaient en règle générale tout le savoir-faire des potiers à contribution pour la confection de ces pièces d'apparat. Mais à côté de ces très rares modèles de prestige il existait évidemment des soupières à usage quotidien. Ce sont ces soupières "de tous les jours", engobées de brun manganèse à décor crème ou rouge orangées et bleues à décor floral qui nous intéressent en priorité à travers les quelques modèles présentés ici.

Soupière à l'engobe blanc crème, décor de bleuets et de vermicules, début XXe.

Soupière engobée de rouge à décor floral, vers 1900.

Soupière bleu laiteux décorée de la même main que le pot à lait qui l'accompagne.

Rare modèle de soupière sans décor, simplement émaillée en vert, début XXe.

Porte-cuillères de facture classique engobé d'orangé, décor au barrolet daté 1889 dont l'anse est cassée.

Deux chocolatières caractéristiques, avec leurs poignées latérales, XIXVe.

Jolie théière engobée de brun noir sur décor en relief, XIXe.

Porte-allumettes ou pyrogène comportant quelques traces d'engobe vert, XIXe.

Les porte-couverts

S'il est un objet représentatif des cadeaux de mariage que l'on pouvait faire à l'époque, c'est bien le porte-couverts. Quasiment tous ceux qui sont arrivés jusqu'à nous sont en effet très décorés, presque toujours datés et agrémentés d'initiales. Cependant ces riches décors de fleurs ou d'oiseaux se rencontrent rarement en relief et le décor à l'engobe est largement dominant. Constitués de deux pots cylindriques perforés, reliés entre eux par des colombins latéraux et surmontés d'une anse servant à accrocher l'ensemble, ces porte-couverts avaient leur place dans la cuisine au-dessus de la pierre à eau.

Deux récipients à sel et poivre de formes différentes, fin XIXe.

Deux récipients destinés à l'alimentation des animaux de la basse-cour, XXe.

Objets culinaires divers

On trouve dans cette catégorie des objets usuels mais pas forcément incontournables ni présents dans toute cuisine ancienne. Ainsi des chocolatières dont on peut penser, en considérant le peu d'exemplaires parvenus jusqu'à nous, que tous les ménages n'en étaient pas équipés. Il s'agit d'un cylindre d'une quinzaine de centimètres de haut et d'environ 6 à 7 centimètres de diamètre, pourvu d'une poignée tubulaire et d'un bec verseur disposé perpendiculairement à l'axe de celle-ci, un couvercle avec bouton de préhension venant coiffer le tout. Les quelques modèles connus ne sont pas décorés mais simplement engobés en jaune ou brun manganèse.

Parmi les autres productions peu fréquentes en terre vernissée, figure la théière dont un très bel exemplaire est reproduit dans ces pages. De forme tout à fait classique, celle-ci est engobée de noir sur un décor en relief. Un autre exemple de cette production marginale nous est fourni par ces petits récipients cloisonnés, destinés vraisemblablement à présenter le sel et le poivre. Sans décor aucun, simplement engobés de couleur unie, de forme ovale ou rectangulaire avec parfois un anneau de préhension, ces humbles accessoires me paraissent aussi dignes d'intérêt que bien des pièces de mariage. Enfin terminons ce chapitre, tout en sachant qu'il ne saurait être exhaustif, par ces curieux objets que sont les porte-allumettes. Si on peut aussi les appeler "pyrogènes", il s'agit en fait simplement d'un petit cône d'une dizaine de centimètres de haut, en terre crue striée servant de grattoir, comportant en son milieu une cavité destinée à recevoir les allumettes. Ces pièces ne sont pas fréquentes et il semble qu'elles n'étaient produites que par un nombre restreint d'ateliers.

Casier à peigne à décor d'oiseaux daté 1876.

La céramique non culinaire

Cette dernière catégorie englobe des objets qui ont en commun de n'avoir aucun rapport avec la préparation ou la présentation des aliments. Il peut s'agir aussi bien de jouets que de pierres chauffe-lit, d'objets religieux que de casiers à peigne et en règle générale de toutes ces petites choses que la plasticité de cette terre permettait de réaliser à moindre coût et qui ont été remplacées avec le temps par des productions industrielles diverses.

Les casiers à peigne

Les casiers à peigne tout d'abord qui rentrent aussi à l'évidence dans la gamme des cadeaux de mariage ou de fiançailles. Constitués d'une plaque généralement rectangulaire, dont le sommet peut être droit ou arrondi, munis de deux compartiments horizontaux ouverts vers le haut, les casiers à peigne sont le plus souvent engobés de blanc crème ou de rouge brun. Ils sont indifféremment décorés au barrolet ou en relief de frises végétales ou d'oiseaux voire de motifs géométriques et sont souvent datés. Ce sont des objets qui sont produits, à de rares exceptions près, vers la fin du XIXe siècle pour disparaître avec la Première Guerre Mondiale.

Casier à peigne manganèse à double décor d'oiseaux et de cerfs, XIXe.

Casier à peigne blanc crème décor floral rouge et brun, fin XIXe.

Casier à peigne en terre jaune, décor appliqué d'oiseaux et de rameaux, fin XIXe.

Les encriers

Les encriers quant à eux, remontent, du moins pour les plus anciens, au XVIIIe siècle. Il en existe deux variantes principales dont la première, de forme vaguement parallélépipédique, présente une sorte de plateau en avancée permettant de recevoir plumes et crayons, deux alvéoles sur le dessus étant prévues pour recevoir les godets remplis respectivement d'encre et de sable. L'autre grand type d'encrier est représenté sous la forme d'un cœur à bords droits et aux parois verticales pouvant être ajourées ou au contraire lisses permettant ainsi les décors au barrolet les plus variés. Ils disparaissent, comme les casiers à peigne, après 1910, emportés eux aussi par la vague des productions industrielles.

Encrier manganèse à trois godets (manquants), XIXe.

Encrier manganèse sur terre rouge d'Alsace Bossue décoré d'un oiseau et de petites flammes, XIXe.

IESVS
MARIA

Christ en croix et Pietà polychromes du milieu du XIXe siècle.

Objets religieux

Les potiers de Soufflenheim ont réalisé très tôt, car la demande était grande et existait depuis fort longtemps, des sujets religieux. Des bénitiers bien sûr, mais aussi des têtes de Christ, des Vierges à l'enfant, des Piétas et des Christs en croix, tous ces sujets pouvaient être réalisés à partir de moules en plâtre ou modelés à la main selon l'habileté de chacun. Engobés de toutes les couleurs habituellement utilisées pour la poterie culinaire, la fraîcheur naïve de ces représentations était infiniment plus gaie que les plâtres peints que l'on a vu s'imposer par la suite. Un peu dans le même esprit, Georges Klein avait dépeint et illustré dans son ouvrage une lampe de Noël réalisée selon un modèle suédois (Jullampe) en terre rouge d'Alsace Bossue, qui paraissait être une œuvre orpheline. Il se trouve qu'un collectionneur averti vient de découvrir une lampe en tous points semblable, me permettant ainsi de vous présenter ces deux exemplaires réunis sur le même document.

Deux exemplaires de lampes de Noël en terre crue (Jullampe), XIXe.

Plusieurs modèles de pierres chauffe-lit, engobées et décorées de diverses manières, autour de 1900.

Autour de la chaleur

La conservation et le transport de la chaleur ont, même après la disparition des poêliers de Soufflenheim pour les raisons évoquées plus haut, occupé une place importante dans la production de cette commune. Les briques de lit ou pierres chauffe-lit existent depuis fort longtemps, mais l'étude des exemplaires que nous connaissons, et ceci est également valable pour les pièces conservées dans nos différents musées, ne nous permet pas de remonter au-delà du milieu du XIXe siècle. De forme rectangulaire pour les plus répandues, mais aussi rondes ou ovales, ces pierres chauffe-lit sont toujours percées d'orifices de préhension. Ceux-ci sont ronds et au nombre de deux ou trois pour les modèles les plus anciens, les pièces plus récentes étant équipées d'une seule ouverture destinée à glisser la main entière. Certaines d'entre elles, moulées dans une matrice, ont un décor en relief, en général animalier, d'autres plus récentes, portent la mention "chauffeuse". Elles sont toujours engobées en utilisant indifféremment toutes les couleurs (sauf le bleu semble-t-il) habituelles y compris le décor moucheté, ce qui les différencie des briques de lit produites par les verriers d'Alsace Bossue, décorées au moyen de petits tampons, de divers motifs (cœurs, croix etc.), qui elles sont toujours en terre crue. Pour réchauffer le lit, on utilisait également des sortes de bouillottes remplies de sable que l'on avait préalablement mises sur le poêle. En forme de tonnelets, de cylindres ou quasi-globulaires, ces "boules de lit" étaient la plupart du temps engobées de brun ou de jaune.

Pierre chauffe-lit au très beau décor en relief d'un arbre abritant un lion, XIXe.

Pierres chauffe-lit d'Alsace Bossue décorées au poinçon sur terre crue, que fabriquaient les artisans verriers, XIXe.

Quelques lignes aussi sur les poêles (kachelofe) qui, dans le nord de la région, ont été confrontés à la production massive des poêles en fonte des usines De Dietrich de Zinswiller à partir du milieu de XVIIIe, puis à l'afflux, après 1870, de poêles fabriqués industriellement en Allemagne, (pénétration de marché d'autant plus aisée qu'il n'y avait plus de production locale) entraînant leur disparition prématurée. Contrairement au Sundgau où une forte tradition poêlière a perduré jusqu'au début du XXe siècle avec une chronologie de motifs et de technique solidement établie, les quelques carreaux de poêle que l'on peut retrouver dans le nord de la région ne permettent pas de définir de centres de production et moins encore d'ateliers précis. Ces carreaux sont par la force des choses des XVIIe ou XVIIIe siècles, (exceptés bien évidemment les carreaux provenant de poêles allemands des années 1900 ou d'un peu avant qui ne nous intéressent pas ici), souvent en relief, moulés dans des matrices très finement travaillées de décors animaliers ou de cariatides. Les couleurs sont fort sombres, manganèses ou noires, et ces pièces dénotent, pour la plupart un savoir-faire certain.

Trois bouillottes à sable de types différents, début XXe.

Deux exemples de carreaux de poêle à l'engobe sombre, XVIIe - XVIIIe siècle.

Très beau kachelofe, émaillé de plusieurs tons de vert, décoré au pochoir, Sundgau fin XVIIIe.

Pot de fleurs à suspendre à six faces, décor polychrome en relief et au barrolet XIXe.

Poterie florale

Il est un autre domaine pour lequel la terre de Soufflenheim était particulièrement bien adaptée, c'est celui de la poterie florale. Si une grande part de cette production ne comportait aucun décor comme les pots de fleurs ou les pots à laurier de plus grande taille, les cache-pot, les jardinières et surtout les pots à fleurs suspendus étaient non seulement engobés mais systématiquement décorés. Ces "lampes à fleurs", selon la terminologie des catalogues de potiers, se présentent de deux manières, la première sous la forme d'une espèce de cloche renversée, obtenue par moulage et proposant un décor végétal en relief et polychrome. Le deuxième type, beaucoup plus élaboré, est constitué de plusieurs éléments cylindriques tournés et superposés, ornés de motifs géométriques ajourés, découpés dans la pâte encore fraîche. La fabrication de celui-ci semble avoir été arrêtée avant la Première Guerre Mondiale. Les deux modèles, presque toujours glaçurés en vert et quelquefois en bleu, étaient équipés de chaînettes métalliques, de façon à pouvoir les accrocher au plafond ou à une poutre.

Pot de fleurs à quatre faces évasées, au décor de fleurs et de fruits en relief, XIXe.

Deux très beaux modèles ajourés de pots à suspendre, émail vert classique, XIXe.

Tirelires et jouets

Pour clore ce chapitre de façon ludique, il suffit d'évoquer les objets spécialement conçus pour les enfants, en l'occurrence les jouets et les tirelires. On a vu dans le précédent ouvrage consacré aux moules à gâteaux, que les potiers avaient réalisé pour eux de petites pièces bien spécifiques. Il en va de même pour la poterie culinaire, domaine dans lequel les potiers ont reproduit en miniature, bols, assiettes, pots à lait, plats et même terrines à "baeckeofe". Ces pièces de dînettes (gschirrle), trop petites pour être décorées de motifs floraux, sont simplement engobées des couleurs habituelles mais aussi très souvent de ce décor savoyard mélangeant les couleurs rouges et bleues ou brunes et vertes sur fond blanc. Autre production propre à faire le bonheur des enfants, les tirelires en forme de poisson, de chien, d'oiseau ou de tonnelet. Si la confection de ce dernier modèle est attestée dès le XIXe siècle, il semble plus délicat de dater avec précision les tirelires animalières, même si toutes ces pièces sont pareillement réalisées par moulage.

Ensemble de tirelires et de sifflets à eau, représentant divers animaux ainsi que des tonnelets, aux décors variés, début XXe.

Exceptionnel jouet pour dînette en forme de terrine à baeckeofe, décor moucheté vert sur blanc, XIXe (photographie à taille réelle).

Ensemble de jouets aux formes très typées, XIXe.

Quatre séries de jouets décorés de couleurs mélangées, début XXe.

Vaisselier de maison de poupée joliment garni (photographie à taille réelle).

Jouets décorés de couleurs mélangées, début XXe.

Une soupière et deux pots à lait engobés de la même façon, XXe.

Deux baquets et un pot à lait.

Très joli jouet en forme de cuisinière datée de 1888.

Conclusion

"Aus der erd und aus der hand
macht der haffner allerhand"

"Avec de la terre et avec ses mains
le potier fait toutes sortes de choses"

Cette inscription, figurant au fond d'un plat creux du XIXe siècle, se révèle parfaitement justifiée quand on s'aperçoit, arrivé à la fin de cet ouvrage, à quel point la poterie vernissée s'était immiscée dans les différents domaines de la vie courante. Il faut néanmoins ajouter que cette poterie populaire, si elle était omniprésente, n'était cependant pas reconnue en tant que patrimoine, j'en veux pour preuve le simple fait qu'elle ne figurait jamais sur les inventaires de succession, contrairement à tous les objets quotidiens en étain, en fer forgé ou en cuivre, c'est dire le peu de cas que l'on faisait de cette poterie qui était plutôt considérée comme bien consommable.

Si l'on se souvient que cette omniprésence était surtout effective en milieu rural, donc assez loin des modes et de l'ostentation, et que l'on voit, aujourd'hui plus que jamais, l'engouement que suscite cet artisanat auprès des touristes et des Alsaciens eux-mêmes, force est de reconnaître sa capacité intemporelle de séduction. Et plus encore que le succès de la production actuelle, la recherche de pièces anciennes, critère par ailleurs très subjectif, révèle un comportement quasi obsessionnel chez un certain nombre de collectionneurs. Pour la conquête d'un plat à aile décoré d'une inscription, d'un encrier du XVIIIe ou d'un moule à gâteau en forme d'anguille, un collectionneur acharné, pouvant au demeurant être un homme fort civil, est capable des pires bassesses ! J'ouvre ici une parenthèse pour dire qu'il est très curieux de constater que jamais des femmes ne s'investissent avec autant de passion dans le domaine, pourtant éminemment féminin, de la poterie culinaire.

Cet engouement pour une poterie de facture somme toute assez rudimentaire destinée au départ à une clientèle paysanne modeste ne peut s'expliquer que par le charme des formes nées de l'usage, par des couleurs fraîches que l'on sait naturelles et un décor à la fois naïf et truculent, qui donnent à cette terre vernissée une sensualité tactile et visuelle propre aux vrais objets de terroir. Tomber sous le charme de ce véritable art de vivre est inévitable pour peu qu'à toutes ces qualités viennent s'ajouter la patine et l'usure inimitables de décennies de bons et loyaux services.

Très joli pot au
décor académique
blanc et vert.

Remerciements

Nos remerciements iront encore une fois à tous ces collectionneurs, amoureux de la poterie alsacienne, qui nous ont largement ouvert leurs portes. Merci donc, et dans le désordre, à Anne Isabelle Zinck, à Jean-Pierre Ganster, Jean-Louis Ernewein, Jean-Marc Schauly et Christian Koenig.

Merci à monsieur Habsiger (Musée du Pain d'Epices à Gertwiller), à Christophe, à Jean Claude Seyler et à la collection L.B.S. Merci au Restaurant l'Oie Gourmande, à mesdames Kirchheim et Bieber, à monsieur Raoul Klein, ainsi qu'à messieurs Müller, Bronner, Bilger et Cueney.

Comme d'habitude merci également à nos enfants Julie Demay, Bulle et Marc Magnani pour les diverses raisons habituelles !

Merci toujours à Philippe Le Monnier et Caroline Dietrich. Un grand merci à Christine pour m'avoir aidé à trier et surtout choisir parmi la foule de documents, les plus aptes à figurer dans cet ouvrage et pour avoir photographié les dernières acquisitions.

La grande majorité de ces objets a été photographiée à La Cour Renaissance, 3 rue de l'Ail à Strasbourg ou dans la collection privée de Christine et Bernard Demay.

Une mention toute particulière une fois de plus à notre ami aujourd'hui disparu, le photographe Bernard Dietrich, à qui l'on doit la quasi-totalité des clichés de cet ouvrage qu'il n'aura pas davantage eu l'occasion de connaître que celui traitant des moules à gâteaux.

Forme de soupière pour cette bonbonnière bleue au joli décor floral, XIXe.

Qui saura dire à quoi sert cet ustensile ? Sorte de cocotte à l'intérieur non vernissé comportant une courte et large cheminée centrale et une canule d'évacuation.

Bibliographie

- *A. Elchinger. La poterie à Soufflenheim et à Betschdorf à travers les âges, une esquisse. RCA. Strasbourg Neudorf, 1937.*
- *Images du Musée alsacien à Strasbourg, 1910.*
- *G. Klein. Poteries populaires d'Alsace. Éditions du Bastberg, 1989.*
- *G. Klein. Trésors du patrimoine traditionnel d'Alsace. Éditions J-P Gyss, 1985.*
- *G. Klein. Catalogue d'exposition de céramiques populaires alsaciennes. Ville de Strasbourg, 1973.*
- *G. Klein. L'art du vignoble en Alsace. Éditions Garnier, 1979.*
- *C. Mahon - Cl. Martz. Poteries d'Alsace, Soufflenheim, Betschdorf. Kaléidoscope. Strasbourg, DN. 1988.*
- *E. Polaczek. Volkskunst im Elsass. Delphin Verlag. München, 1925.*
- *A. Riff. Artisans et paysans de France. Éditions F-X. Le Roux et Cie, 1946 et 1848.*
- *J. P. Legendre et J. Maire. La céramique de Soufflenheim du milieu du XIXe au début du XXe siècle. Typologie de la production, dans Cahiers d'histoire et d'archéologie de Strasbourg, 1978.*

Où trouver de telles poteries ?

- La Cour Renaissance • 3, rue de l'Ail • Strasbourg
- Antiquités Philippe Le Monnier • 4 place du Marché aux Poissons • Strasbourg
- La Cour Renaissance • Espace Dongier • Isle sur la Sorgue

Des parois hautes et un très beau poisson en guise de poignée de préhension, XIXe.

Sommaire

ÉDITIONS DU BASTBERG

achevé d'imprimer en avril 2004
Dépôt légal 2e trimestre 2004
ISBN 2-84823-027-4

Photographies
Bernard Dietrich - Strasbourg

Numérisation, ligne graphique et mise en page
Péhel Créations - Essey-lès-Nancy

Imprimé en CEE
par Edelvives - Saragosse